Aves hermosas

Valerie Davies

PANAMERICANA
EDITORIAL

Davies, Valerie
     Aves hermosas / Valerie Davies ; traducción María Lucía
Hernández ; ilustraciones Rob Dyke. — Bogotá : Panamericana
Editorial, 2007.
     28 p. : il. ; 23 cm.
     Contenido : Avestruz ; Guacamaya de ala verde ; Pelicano café ; Búho
de cuernos grandes ; Colibrí de Ana.
     ISBN 978-958-30-2538-9
     1. Aves - Literatura juvenil 2. Aves - Hábitos y conducta -
Literatura juvenil I. Hernández, María Lucía, tr. II. Dyke, Rob, il.
III. Tít.
I591.65 cd 21 ed.
A1112367

          CEP-Banco de la República-Biblioteca Luis Ángel Arango

Título original: *Beautiful Birds*

© 2007 Panamericana Editorial Ltda.
de la traducción al español
Traducción del inglés: María Lucía Hernández Guido

Creado y producido por Andromeda Children's Books
Un sello de Alligator Books Ltd
Gadd House, Arcadia Avenue
Londres N3 2JU, UK
© 2007 Andromeda Children's Books
Winchester House
259–269 Old Marylebone Road
Londres NW1 5XJ, UK

Panamericana Editorial Ltda.
Calle 12 No. 34-20
Tels: 3603077 – 2770100
Fax: (57 1) 2373805
panaedit@panamericanaeditorial.com
www.panamericanaeditorial.com
Bogotá D.C., Colombia

ISBN 978-958-30-2538-9

Impreso en China
Printed in China

Autor: Valerie Davies
Editor de arte: Gillian Shaw
Editor: Elise See Tai
Editor en Estados Unidos: Sue Diehm
Director de arte: Miranda Kennedy
Director de producción: Clive Sparling
Ilustradores: Rob Dyke (Bernard Thornton Artists),
Robert Morton (Bernard Thornton Artists), Gill Tomblin

Contenido

Introducción

Existen 9.700 especies de aves aprox. Viven en casi todos los **hábitats** de la Tierra. Todas las aves tienen alas; la mayoría puede volar, gracias, en parte, a que sus esqueletos son livianos.

El colibrí tiene un pico largo y delgado.

Picos

Los pájaros tienen **pico** en lugar de dientes. La forma del pico depende de la comida de la que se alimentan. Si comen semillas, el pico es corto y en forma de cono, lo emplean como si fuera un cascanueces. Los pájaros carpinteros tienen picos como cinceles, que les permiten taladrar entre los árboles y encontrar insectos. Los búhos y los halcones tienen picos ganchudos para desprender carne.

Plumas

Las aves son los únicos animales existentes con plumas. Las plumas tienen distintos propósitos, algunas los mantienen calientes, otras les sirven para volar.

Patas largas y cortas

Los pájaros que pasan la mayor parte de su tiempo corriendo y atacando tienen patas largas. Los que pasan más tiempo en el aire tienen patas muy cortas. Los que están casi siempre en los árboles tienen patas cortas y fuertes que los ayudan a escalar y a agarrarse.

Las plumas le sirven al búho nevado para protegerse del frío.

Oídos, ojos y narices

Las aves poseen un excelente sentido de la vista y del oído. La apertura auricular está cubierta por plumas a ambos lados de su cabeza. Su sentido del olfato, gusto y tacto no están muy desarrollados. Sus fosas nasales están en la parte superior del pico y les sirve para respirar, no para oler.

4

El pato mandarín macho es muy colorido.

Huevos

Todos los pájaros ponen huevos. Los huevos varían en tamaño, forma y color, para adaptarse al ambiente. La mayoría de los huevos se empollan en nidos construidos por las hembras o por sus compañeros.

Aves coloridas

Los machos son con frecuencia más coloridos que las hembras. Los vivos colores de los machos atraen a las hembras de su especie. Las hembras tienen **plumajes** (plumas) de colores opacos, que les sirven para **camuflarse**: les permiten mimetizarse con el ambiente cuando están en sus nidos.

Tamaño

Las aves varían mucho en tamaño. El pequeño picaflor abeja tiene tan sólo 5 cm de largo, y el avestruz puede crecer hasta ¡2,4 m de alto!

Aves extintas

Desde el siglo XVII, aprox. 80 especies de aves se han **extinto**. Los humanos han contribuido con esto al cazar sin control y destruir el medio ambiente. En el siglo XIX, existían cerca de 5 mil millones de palomas pasajeras en Norteamérica. Como eran apetecidas y cazadas por deporte, se extinguieron en 1914. Otro pájaro extinto es el dodo, un ave no voladora. Hoy más de 2.000 especies se encuentran **en peligro**.

El dodo empezó a extinguirse hace 300 años.

Aves no voladoras

Pingüinos emperador

Hay aprox. 55 especies de aves no voladoras, estas evolucionaron de aves voladoras. Muchas de las aves no voladoras viven en islas donde hay pocos **depredadores**, y no se ven en la necesidad de volar para escapar. Algunas corren o nadan en vez de volar. Las aves no voladoras son nativas del hemisferio sur.

Las alas del **pingüino emperador** durante millones de años han evolucionado en aletas. Estas le permiten al pingüino impulsarse en el agua. Este tipo de pingüino vive en la Antártida. Se protege del frío agrupándose con los otros pingüinos de su especie. Cada macho **incuba** entre sus patas un huevo para mantenerlo caliente.

Casuario

El **casuario** de 1,5 m de alto, tiene largas espuelas en sus patas. Cuando se ve amenazado, levanta la pata para lastimar a su enemigo con estas. Como los pingüinos, el macho incuba el huevo, luego cuida al polluelo durante nueve meses.

Kiwi

El **pavo real** es nativo de la India y Sri Lanka. Su cuerpo es muy pesado y sus alas muy delicadas, pero es capaz de revolotear hasta los árboles o encima de los techos para descansar. En época de apareamiento, el pavo real macho abanica su colorido plumaje para atraer a las hembras.

El **kiwi** vive en Nueva Zelanda. Tiene sus fosas nasales al final de su largo pico y le ayudan a olfatear las lombrices debajo de la tierra. No posee cola y sus alas son tan pequeñas (5 cm) que son inútiles. Suele ser atacado por gatos y perros.

Cormorán no volador

Pavo real

El **cormorán no volador** vive en las islas Galápagos. Tiene pocas plumas en sus alas, y usualmente se para con estas extendidas. Su largo pico lo ayuda a recoger pulpos y peces del lecho marino. Lentes especiales en sus ojos le permiten ver bajo el agua.

El avestruz

El avestruz vive en los prados y en los desiertos semiáridos de África y del suroccidente de Asia. El avestruz es el ave más alta y pesada del mundo. Los machos pueden llegar a crecer hasta 2,7 m y pesar de 68 a 136 kg. A pesar de no volar, el avestruz posee alas pequeñas y fuertes. El avestruz aletea cuando se siente amenazado o cuando el macho corteja a una hembra.

Tácticas de escape

Resulta difícil para el avestruz ocultarse de sus depredadores porque vive en áreas con poca vegetación. Si se ve en riesgo, el avestruz recoge su cabeza y su cuello dentro de su cuerpo, sus plumas se esponjan y permanece quieta. Desde la distancia, parece un arbusto con tronco delgado.

Patas para atacar

Las poderosas patas del avestruz son tan fuertes que con ellas ¡podría matar a un león! Sus largas y poderosas patas le permiten correr velozmente.

¡DATOS INCREÍBLES SOBRE AVES NO VOLADORAS!

● El kiwi es el único sobreviviente de un grupo ancestral de aves en el que se encontraba el ahora extinto moa.

● A pesar de alimentarse bajo el agua, las plumas del cormorán no volador, no son completamente impermeables.

● Los polluelos de avestruz logran alcanzar la mitad o dos tercios de su altura en el primer año de vida.

● El avestruz posee dos largos dedos en cada una de sus patas, que le dan balance al correr.

● Las patas del avestruz no tienen plumas.

● El avestruz no esconde su cabeza dentro de la tierra como se cree.

● El avestruz es el animal de dos patas más rápido del mundo. Puede alcanzar velocidades de 72 km/h.

ón,
ro

es

Vida en grupo

El avestruz vive y viaja en grupo. Se alimenta de
las hojas, raíces, flores y semillas de muchas plantas.
Cuando se alimenta, su cabeza está tan cerca del suelo
que no puede ver a los depredadores, así que una
o dos avestruces vigilan si se avecina algún peligro.

z
r

Aves coloridas

Los loros, cálaos y pájaros carpinteros, son conocidos por sus largos y fuertes picos y plumas, y por su colorido plumaje. Existen aprox. 740 especies en este grupo. Estos pájaros hacen sus nidos en huecos, usualmente en árboles. Algunas veces utilizan viejos nidos de búhos.

El **kea** pertenece a la familia de los loros. Es un loro inusual porque sus alas son de colores oscuros, como el verde oliva. Estos colores le permiten camuflarse de día. El kea es un ave **nocturna**, se alimenta de noche. Posee fuertes patas para caminar y escalar, pero su pesado cuerpo no le permite volar bien.

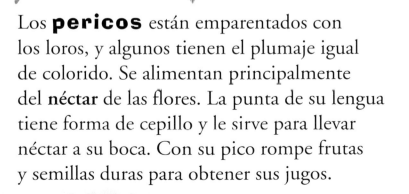

Pericos

Kea

Los **pericos** están emparentados con los loros, y algunos tienen el plumaje igual de colorido. Se alimentan principalmente del **néctar** de las flores. La punta de su lengua tiene forma de cepillo y le sirve para llevar néctar a su boca. Con su pico rompe frutas y semillas duras para obtener sus jugos.

El **pájaro carpintero bellota** usa su pico como un taladro para hacer huecos en los árboles. Su cráneo está acolchado para que no se haga daño. El pájaro carpintero guarda miles de bellotas en los huecos que hace en los árboles y en los postes telefónicos.

Pájaro carpintero bellota

El **aracari** tiene un pico largo y curvo con bordes filudos. Usa estos bordes para triturar frutas, insectos y hasta los pequeños reptiles que come. Vive en pequeñas bandadas y duerme en las cavidades de los árboles.

Aracari

El pico anaranjado del **tucán toco** mide aprox. 20 cm de largo y 8 cm de alto en su base. Le sirve para recoger frutas de los extremos de las ramas más débiles. El tucán levanta su cabeza para llevar la comida desde la punta de su pico hasta su garganta.

Tucán toco

Guacamaya de ala verde

La guacamaya de ala verde vive en los bosques tropicales de Suramérica. Las plumas rojas de su cabeza y cuello, y las plumas azules de su cola, hacen de este pájaro un loro muy colorido. Su plumaje verde brillante es un excelente camuflaje entre las flores y las plantas. Sus patas tienen dos garras adelante y dos atrás, que le ayudan a escalar árboles, y con las que puede agarrar comida para llevarla a su pico.

Comida favorita

La guacamaya come frutas, semillas y nueces. Algunas frutas están podridas o son venenosas, pero estas aves no se enferman porque comen lodo de la orilla de los ríos, que contiene un mineral llamado *caolín*, que tiene propiedades medicinales.

Vigilantes

Cuando las guacamayas se alimentan en grupo, siempre hay una o dos vigilando. Esto las protege de sus depredadores, como los jaguares y las águilas harpías.

El brillante plumaje brinda excelente camuflaje en los árboles

Cuidados de los polluelos

Las guacamayas hacen sus nidos en huecos cerca de las copas de los árboles. Usualmente las guacamayas ponen dos huevos. Cuando rompen el cascarón los polluelos son ciegos y no tienen plumas. Sus padres los cuidan y alimentan durante cuatro meses hasta que son capaces de volar y dejar el nido.

¡DATOS INCREÍBLES SOBRE AVES COLORIDAS!

● Los jóvenes pájaros carpinteros bellota ayudan a sus padres por años a criar a los más jóvenes.

● La guacamaya de ala verde es uno de los loros más grandes, mide hasta 90 cm de alto.

● Los aracari anidan en los viejos nidos de los pájaros carpinteros.

● Cuando comen, los pericos se cuelgan de sus patas para poder agarrarse mejor de las ramas de los árboles.

● La guacamaya de ala verde tiene un pico fuerte en forma de gancho para comer frutas, semillas y nueces.

● Al dormir, los tucanes voltean la cabeza hacia un lado para que su largo pico descanse sobre su espalda. Luego, dobla su cola sobre su pico.

Aves acuáticas

Flamencos reales

Hay aprox. 900 especies de aves que se han adaptado a una gran variedad de hábitats acuáticos. Algunas han desarrollado membranas en sus patas para nadar. Otras tienen patas y cuellos largos para sumergirse en aguas poco profundas. Muchas poseen picos largos y afilados que usan para arponear a sus presas (los animales que cazan).

Alca atlántica

El **flamenco real** tiene una **envergadura** de 140 cm y mide 107 cm de alto. Tiene un pico especial adaptado para capturar y filtrar la comida del agua. Los padres toman turnos para incubar los huevos.

El **alca atlántica** vive en el mar y es un excelente nadador. Puede sumergirse hasta 61 m de profundidad en busca de anguilas de arena, su principal alimento. Cava madrigueras en lo alto de los acantilados.

Alcaraván americano

El **alcaraván americano** tiene plumas con rayas café y crema, que le sirven para camuflarse. Para no ser visto, el alcaraván se queda quieto y dirige su pico al cielo. En esta posición se mece de un lado al otro lentamente para imitar el balanceo de las cañas.

Patos mandarines

El **piquero pardo** se sumerge en el agua hasta 30 m para atrapar peces con su largo pico. Sus fosas nasales están completamente cerradas para evitar que entre el agua cuando está sumergido. En tierra, el piquero pardo debe respirar por la boca.

Piquero pardo

El **pato mandarín** vive en los bosques de China y Japón. La mayoría del tiempo está en ramas y nidos hechos en huecos de árboles. Sus garras afiladas le permiten escalar los árboles con facilidad. Su cola ancha funciona como freno mientras baja por los árboles.

Pelícano café

El pelícano café se encuentra en las costas de Norte, Centro y Suramérica, y el Caribe. Mide 1,5 m de largo, tiene un cuerpo pesado y un largo cuello. Sus largas patas con membranas entre los dedos, lo impulsan a través del agua y lo ayudan a navegar cuando está sumergido. La característica más distintiva del pelícano es la gran bolsa de su cuello.

Padres pelícanos

Tanto la hembra como el macho adultos incuban los huevos. Los padres **regurgitan** (devuelven) los peces masticados al polluelo durante los primeros diez días. Cuando abren los ojos por primera vez, los polluelos toman la comida del pico de sus padres.

En busca de comida

A diferencia de otras especies de pelícanos que sobrenadan para pescar, el pelícano café planea en el aire y se sumerge en el agua. Al observar un banco de peces, vuela hacia arriba unos 3,7 m, dobla sus alas hacia atrás y se zambulle en el agua para cazarlos.

Una suave inmersión

El pelícano posee bolsas de aire entre la piel. Estas bolsas amortiguan el impacto cuando el pelícano golpea el agua al sumergirse. Tiene también pequeñas fosas nasales que impiden que el agua entre en su organismo.

Vuelo

Los huesos del pelícano
café son más porosos, tienen
más aire dentro de ellos
que los huesos de otras aves.
Esto hace al pájaro más
liviano y lo ayuda a volar.

*El pelícano usa su bolsa
para atrapar peces*

La bolsa del cuello

El pelícano usa su cuello
y su pico como una red para
atrapar peces y agua. Expulsa
el agua por los bordes de
su pico, lleva atrás la cabeza
y luego se traga los peces.
También usa su bolsa para
beber agua fresca.

Cambio de colores

Como muchas aves acuáticas, las plumas externas del pelícano son **impermeables**. Normalmente la cola del pelícano es gris plateado, la cabeza y el cuello blancos y el resto de su cuerpo negro. Su cuello se torna café y su cabeza amarilla en época de apareamiento.

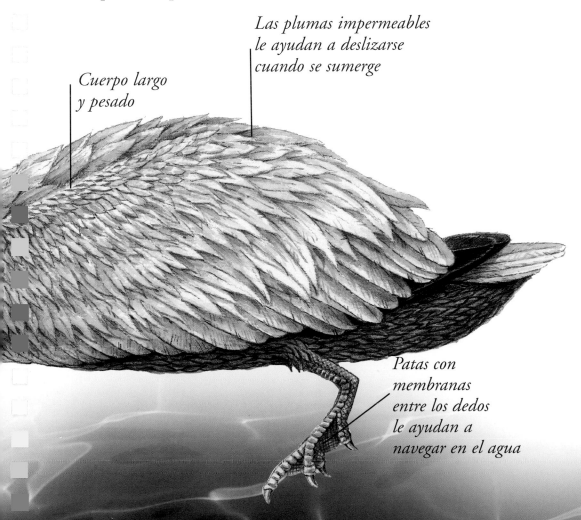

Las plumas impermeables le ayudan a deslizarse cuando se sumerge

Cuerpo largo y pesado

Patas con membranas entre los dedos le ayudan a navegar en el agua

Aves de presa

Los buitres, águilas, búhos, son hábiles cazadores y **carroñeros**. Poseen picos filudos y ganchudos para despedazar las presas vivas o **carroña** (los cuerpos de animales muertos). Las aves de caza tienen dedos largos y **garras** filudas, para atrapar a sus presas. Su excelente vista les permite detectar a su presa a gran distancia.

Águila calva

El **halcón peregrino** es uno de los pájaros más rápidos. Utiliza su velocidad para cazar su presa mientras vuela. Cuando voltea sus alas hacia atrás, el halcón puede caer en picada a una velocidad de 160 a 240 km/h, hasta llegar donde su víctima.

El **águila calva** tiene una envergadura de 2,4 m, un pico ganchudo, garras afiladas y curvas. Estas garras largas y puntiagudas en la parte trasera de sus patas, le permiten sostener a su presa. Ayuda a limpiar el medio ambiente porque come carroña (restos de animales muertos).

Halcón peregrino

El **búho nevado** tiene unas plumas muy gruesas que le permiten retener el calor en la tundra ártica. Las plumas del búho se extienden hasta sus patas para mantenerlas calientes. Las plumas también cubren parte de su pico. Su plumaje le permite camuflarse muy bien durante el invierno.

El **carancho** tiene una cresta en la parte posterior de su cabeza. Permanece la mayor parte del tiempo en tierra, pero en ocasiones vuela sobre prados buscando carroña para alimentarse. El carancho tiene patas largas que le sirven para caminar entre pastizales altos.

El **chotacabras común** es uno de los pocos pájaros que **hibernan**. Esto le permite pasar largos periodos de tiempo sin alimento cuando la comida es escasa. En otras estaciones, caza insectos por la noche.

Búho nevado

Carancho

Chotacabras

19

Búho cornudo americano

El búho cornudo americano se encuentra en Norte, Centro y Suramérica. Vive en diversos hábitats, incluyendo bosques, **matorrales** y montañas. Anida en árboles, en cuevas, a la orilla de los acantilados o incluso en la tierra. Con 60 cm de longitud, es uno de los búhos americanos más grandes. Encima de sus ojos amarillos, tiene crestas de plumas que parecen cuernos.

Ojos de búho

Los ojos del búho cornudo americano son más grandes que los de la mayoría de las aves. Esto significa que sus ojos recogen mucha luz en la noche. Los búhos son capaces de determinar distancias y el tamaño de su presa. Su visión es cien veces mejor que la del ser humano.

Cazador nocturno

El búho cornudo americano es un hábil cazador nocturno. Tiene un cuello flexible que le permite girar su cabeza 270° (casi el total de la circunferencia), mientras su cuerpo permanece quieto. Esto le ayuda a escuchar el más leve sonido, como el de un ratón moviéndose por el pasto.

En la mira

El búho cornudo americano mira desde los árboles o troncos de madera en busca de presas.

Garras filudas y poderosas para agarrar las presas

¡DATOS INCREÍBLES SOBRE AVES DE PRESA!

● Las aves de presa son capaces de ver mucho más lejos que los seres humanos, y además tienen un gran oído.

● El ave de presa más pequeña es el halcón pigmeo, pesa menos que un lápiz.

● El ave de presa más grande es el águila marcial que pesa 5 kg, con una envergadura de 2 m.

● El búho cornudo americano tiene ojos enfrente de su cabeza que le permiten examinar las distancias.

● El águila calva, en realidad no lo es, su cabeza es blanca. La palabra bald (calva en inglés), viene de *balde*, una palabra del inglés antiguo que significa "blanco".

● ¡El águila calva puede nadar!, lo hace moviendo sus alas al igual que las mariposas.

Aves pequeñas

Existen aprox. 900 especies de colibríes, golondrinas y pinzones. Las alas de los colibríes y las golondrinas tienen una estructura muy especial, que los hace flexibles al volar. Con sus rápidas volteretas y giros parecen acróbatas en el aire. Las aves pequeñas son muy activas y vuelan rápido. Están constantemente en movimiento.

Golondrina común

La **golondrina común** tiene una cola bifurcada y corta, un cuerpo largo y alas grandes y puntiagudas. Pasa la mayor parte de su tiempo en el aire, aterriza sólo para hacer el nido y alimentar a sus polluelos. Su pequeño pico se abre completamente atrapando insectos mientras vuela.

Pico cruzado

El **pico cruzado** es un pinzón mediano y regordete, y su cabeza es un poco grande. Las partes superior e inferior de su pico están entrecruzadas, lo cual le permite remover las semillas, su único alimento, de los conos de los pinos y abetos.

Colibrí pico espada

El **colibrí pico espada** tiene un pico que mide 12,5 cm, tan largo como su cuerpo y cabeza juntos. Utiliza su pico como una sonda para examinar el centro de flores en forma de tubo. Esto le permite succionar el néctar que pájaros con picos pequeños no pueden alcanzar.

El **gorrión casero** también conocido como gorrión inglés, tiene un pico parecido al de un comedor de semillas, este gorrión se ha adaptado a comer lombrices, frutas y hasta desperdicios.

Pinzón cebra

Gorrión casero

El **pinzón cebra**, tiene largas y delgadas patas, ideales para sostenerse entre pastos y hierbas, mientras se alimenta de semillas. Mantiene las semillas en un surco especial de su corto y puntiagudo pico. Esto le permite conservar las semillas mientras las muele.

El colibrí de Ana

El colibrí de Ana vive principalmente en matorrales y bosques de California. Se le puede hallar tanto en el norte de la Columbia Británica como en el sur de Arizona. Está en zonas donde hay flores que producen néctar. Este colibrí apenas alcanza los 9,5 cm, incluyendo el pico. Pareciera que sus brillantes alas cambiaran de color mientras se mueve.

Polluelos de colibrí

El colibrí de Ana se aparea a principios de la primavera. El macho escoge el lugar para anidar y defiende el territorio. La hembra hace un nido en forma de copa usando plantas y restos de telaraña. Ella pone dos huevos y los incuba. La hembra cuida a los polluelos durante un mes desde que rompen el cascarón. El macho no se involucra en la crianza de los polluelos.

Flores para comer

El néctar se encuentra en las flores y es un alimento que da mucha energía. El colibrí de Ana tiene un pobre sentido del olfato, pero puede detectar las flores por sus formas y colores.

Alimentación

El néctar es el principal
alimento de los colibríes.
Debe comer diariamente
el equivalente a la mitad del
peso de su cuerpo en néctar
para sobrevivir. También
se alimenta de insectos
pequeños y de grosellas.

Pico largo y delgado

Adelante
y atrás

Esta ave posee músculos
en el pecho y articulaciones
muy fuertes, se puede mover
en todas las direcciones.
¡Esto significa que
puede volar hacia
adelante, hacia
atrás, a los lados,
arriba y abajo!

El pico se introduce como una sonda para recoger néctar

Un pequeño helicóptero

El colibrí bate sus alas en un patrón de ocho figuras. Puede flotar en el aire como un helicóptero. Cuando vuela, este colibrí aletea 60 veces por segundo. ¡Puede aletear un millón de veces sin parar!

El colibrí de Ana puede flotar frente a las flores mientras se alimenta

Muchas veces los colibríes son más pequeños que las flores de las que se alimentan

¡DATOS INCREÍBLES SOBRE AVES PEQUEÑAS!

● Muchas aves pequeñas tienen plumas brillantes.

● Los colibríes son las únicas aves que pueden volar hacia atrás.

● El pájaro más pequeño del mundo es el picaflor abeja, es del tamaño de una moneda. 240 de ellos tan solo pesarían una libra.

● El corazón del colibrí late 1.200 veces por minuto.

● El colibrí de Ana tiene un surco en la lengua que le permite llevar el néctar hasta su garganta.

● Las patas del colibrí de Ana son pequeñas y débiles, no le sirven para caminar.

● La golondrina pasa tanto tiempo en el aire que puede dormir mientras vuela.

Glosario

pico

bandada
Grupo grande
de aves.

bosque tropical Bosque húmedo
con lluvias de un mínimo de 254 cm
al año.

carroñero
Animal que busca
animales muertos
o carne en descomposición
para comer.

camuflaje

cadáver Cuerpo de un animal muerto.

camuflaje Colores o manchas en el plumaje
de las aves que les ayudan a combinarse con el
paisaje circundante. Esto les dificulta a los
depredadores y cazadores distinguirlas.

carroña Cuerpo o partes de un animal
muerto.

depredador
Animal que caza y
come otros
animales.

en peligro
Se refiere a una especie
con una población
mínima que está en
peligro de extinguirse.

extinto

envergadura Distancia
de punta a punta de las alas cuando
están extendidas.

especie Grupo de animales
con características similares.

extinto Se refiere a las espccics quc ya no existen.

garra Mano o pie del animal que tiene uñas corvas.

hábitat Área donde usualmente un animal nace y vive.

hibernar Dormir o estar inactivo durante el invierno, debido a las difíciles condiciones climáticas y a la falta de comida.

impermeables Plumas que no dejan pasar el agua a la piel del pájaro.

incubar Sentarse sobre el huevo para mantenerlo caliente.

matorrales Área con plantas y arbustos dispersos.

plumaje

néctar Líquido dulce que se encuentra en diversas plantas y flores.

nocturno Que es activo principalmente en las noches.

pico Parte saliente de la cabeza de las aves.

plumaje Plumas de las aves.

presa Animal que es cazado y que es alimento de otros animales.

regurgitar Poner comida parcialmente digerida en la boca de los polluelos para alimentarlos.

envergadura

27

Índice